VILLE DE LYON

ET

AGGLOMÉRATION LYONNAISE

LOIS ET DÉCRETS

ET

LÉGISLATION GÉNÉRALE

SUR

L'ORGANISATION & L'ADMINISTRATION MUNICIPALES

LYON
IMPRIMERIE SCHNEIDER FRÈRES
12, Quai de l'Hôpital, 12

1875

VILLE DE LYON

ET

AGGLOMÉRATION LYONNAISE

Pages.

Loi du 19 juin 1851, relative à l'agglomération lyonnaise... 5

Décret du 24 mars 1852, relatif à la ville de Lyon......... 6

Décret du 17 juin 1852, sur les attributions des Maires des cinq arrondissements municipaux de la commune de Lyon.. 8

Loi du 17 juillet 1867 qui : 1° divise en deux arrondissements le 3e arrondissement de la ville de Lyon ; 2° modifie les limites des 7e et 8e cantons de justice de paix de cette ville.................................... 9

Décret du 17 juillet 1867, qui modifie la circonscription des 1er, 2e, 3e, 4e, 5e et 6e cantons de justice de paix de Lyon 10

Loi du 4 avril 1873, relative à l'organisation municipale de Lyon.. 11

Législation générale.

Loi du 18 juillet 1837, sur l'administration municipale... 12

Loi du 5 mai 1855, sur l'organisation municipale........ 33

Loi du 24 juillet 1867, sur les conseils municipaux...... 47

Loi du 14 avril 1871, relative aux élections municipales.. 54

Loi du 22 janvier 1874, sur les maires et les attributions de police municipale.................................. 58

Loi du 25 mars 1874, sur la prorogation des pouvoirs municipaux.................................. 59

Loi du 7 juillet 1874, relative à l'électorat municipal.... 59

Décret du 4 novembre 1874, sur le renouvellement des Conseils municipaux.................................. 63

Loi du 19 juin 1851, relative à l'agglomération lyonnaise.

L'Assemblée nationale a adopté d'urgence la loi dont la teneur suit :

Article 1er. — A dater de la promulgation de la présente loi, le Préfet du Rhône remplira, dans les communes de Lyon, la Guillotière, la Croix-Rousse, Vaise, Caluire, Oullins et Sainte-Foy, les fonctions de Préfet de police, telles qu'elles sont réglées par les dispositions actuellement en vigueur de l'arrêté des Consuls du 12 messidor an VIII.

Art. 2. — Toutefois, les maires desdites communes resteront chargés, sous la surveillance du Préfet, et sans préjudice des attributions, tant générales que spéciales, qui leur sont conférées par les lois, de tout ce qui concerne l'établissement, l'entretien et la conservation des édifices communaux, cimetières, promenades, places, rues et voies publiques ne dépendant pas de la grande voirie, l'éclairage, le balayage, les arrosements, la solidité et la salubrité des constructions privées, les mesures relatives aux incendies, les secours aux noyés, la fixation des mercuriales, l'établissement et la réparation des fontaines, aqueducs, pompes et égouts ; les adjudications, marchés et baux.

Les agents placés sous la surveillance des maires pourront être assermentés. Ils prêteront serment devant le Tribunal civil de l'arrondissement dans lequel ils exerceront leurs fonctions.

Art. 3. — Le Préfet du Rhône remplira, dans les communes de Villeurbanne, Vaux, Bron et Vénissieux, du département de l'Isère, dans celles de Rillieux et de Miribel, du département de l'Ain, les fonctions qui ont été déférées au Préfet de police par le décret du 3 brumaire an IX, à l'exception de celles réservées à l'autorité municipale par l'article précédent.

Art. 4. — Les attributions réservées aux maires, dans les communes énumérées dans les articles 1er et 3 de la présente loi, seront déterminées par un règlement d'administration publique. Le même règlement fixera la proportion d'après laquelle lesdites communes participeront aux dépenses restant à leur charge.

Art. 5. — Il est créé, dans le département du Rhône, deux secrétaires généraux : l'un pour l'administration, l'autre pour la police.

DÉCRET du 24 mars 1852, relatif à la ville de Lyon.

Louis-Napoléon, Président de la République française,
Sur le rapport du Ministre de l'intérieur :
Le Conseil d'État entendu,

Décrète :

Art. 1er. — Les communes de la Guillotière, la Croix-Rousse et Vaise sont réunies à la commune de Lyon.

Art. 2. — Il sera statué par une loi spéciale sur la composition et le mode de nomination des membres du Conseil municipal de Lyon.

Provisoirement, une Commission municipale de trente membres, nommée par le Président de la République, remplit les fonctions du Conseil municipal. Elle est présidée par un de ses membres, désigné par le Président de la République.

Art. 3. — Le Préfet du Rhône administre la commune de Lyon ; il assiste aux séances de la Commission municipale.

La Commission municipale ne s'assemble que sur la convocation du Préfet. Elle ne peut délibérer que sur les questions que lui soumet le Préfet et lorsque la majorité de ses membres assiste à la séance.

Art. 4. — La commune de Lyon est divisée en cinq arrondissements municipaux, conformément au plan annexé au présent décret.

Art. 5. — Dans chacun des arrondissements municipaux de la ville de Lyon, il y aura un maire et deux adjoints.

Ils seront chargés de la tenue des registres de l'état civil : leurs autres attributions seront déterminées par un règlement d'administration publique.

Art. 6. — Les communes réunies par l'art 1er ci-dessus conservent provisoirement les rayons actuels de leurs octrois et les tarifs d'après lesquels ils sont perçus actuellement.

Les contributions directes et indirectes, dont le taux est déterminé à raison de la population, continueront provisoirement à être établies, dans ces communes, d'après la population particulière de chacune d'elles.

Art. 7. — Les autres conditions de la réunion seront déterminées par un décret, conformément au titre Ier de la loi du 18 juillet 1837.

Art. 8. — Les communes de Villeurbanne, Vaux, Bron et Vénissieux sont distraites du département de l'Isère et réunies au département du Rhône.

Elles feront partie du canton de la Guillotière.

Art. 9. — Les dispositions de l'art. 1er de la loi du 19 juin 1851, sur l'agglomération lyonnaise, sont applicables aux communes de St-Rambert, Villeurbanne, Vaux, Bron et Vénissieux.

Art. 10. — Les dispositions des lois antérieures, et notamment de la loi du 19 juin 1851, qui seraient contraires au présent décret, sont abrogées.

Art. 11. — Les Ministres de l'intérieur et des finances sont chargés, chacun en ce qui le concerne, de l'exécution du présent décret.

DÉCRET du 17 juin 1852, relatif aux attributions des Maires des cinq arrondissements municipaux de la commune de Lyon.

Au nom du Peuple français,

Louis-Napoléon, Président de la République française,

Sur le rapport du ministre de l'intérieur,

Vu le décret, en date du 24 mars 1852, relatif à la commune de Lyon, et spécialement à l'article 5, ainsi conçu :

« Dans chacun des arrondissements municipaux de la com- « mune de Lyon, il y aura un maire et deux adjoints.

« Ils sont chargés de la tenue des registres de l'état civil ; « leurs autres attributions seront déterminées par un règle- « ment d'administration publique. »

Le Conseil d'État entendu, décrète :

Article 1er. — Indépendamment de leurs fonctions comme officiers de l'état civil, les maires et adjoints de chacun des arrondissements municipaux de la commune de Lyon remplissent les fonctions attribuées au maire par les lois, règlements et instructions relatifs :

Au recrutement de l'armée et aux engagements volontaires; à l'enseignement primaire; à la formation des listes électorales et du jury; à la confection des rôles des contributions directes et à l'instruction des demandes en dégrèvement; aux demandes en réhabilitation des condamnés libérés; aux déclarations de fixation ou de changement de domicile; aux demandes en établissement de domicile et en naturalisation formées par des étrangers; au dénombrement périodique de la population; à la garde nationale, à l'assistance judiciaire; à l'expropriation pour cause d'utilité publique; aux demandes en concessions de mines; aux successions en déshérence et aux tutelles officieuses; ils président les bureaux de bienfaisance; ils font partie des conseils de fabrique des paroisses situées dans leurs arrondissements respectifs; ils vérifient, visent et enregistrent les acquits-à-caution relatifs aux armes de luxe importées à l'étranger; ils apposent leur visa sur les actes judiciaires qui doivent être visés par les maires: ils délivrent les certificats exigés: pour le mariage des officiers: pour établir l'individualité des membres de l'ordre de la Légion d'honneur; pour l'admission des élèves boursiers dans les lycées et les maisons de la Légion d'honneur: pour la transmission des charges de notaire, d'avoué et d'huissier: pour constater le non-divorce et la non-séparation des veuves de militaires et d'employés; pour certifier l'existence ou le décès des rentiers et pensionnaires à divers titres ou des titulaires de majorat ou de dotations; ils légalisent les signatures des fonctionnaires et des particuliers: ils donnent leur avis relativement à l'acceptation ou à la répudiation des legs et donations en faveur des établissements religieux; ils surveillent les établissements de bienfaisance; ils coopèrent, dans la mesure des instructions émanées de l'autorité supérieure, à la propagation de la vaccine; ils sont chargés, sous l'autorité du préfet, du service de la police des inhumations.

Art. 2. — Les maires et adjoints des arrondissements municipaux de la commune de Lyon exerceront, en outre, les attributions qui pourront leur être déléguées par le préfet.

Art. 3. — Le ministre de l'intérieur est chargé de l'exécution du présent décret.

LOI du 17 juillet 1867, qui : 1° divise en deux arrondissements le troisième arrondissement de la ville de Lyon : 2° modifie les limites des septième et huitième cantons de Justice de Paix de cette ville.

NAPOLÉON, par la grâce de Dieu et la volonté nationale, Empereur des Français, à tous présents et à venir, salut :

Avons sanctionné et sanctionnons, promulgué et promulguons ce qui suit :

Art. 1er. — Le troisième arrondissement de la ville de Lyon est divisé en deux arrondissements.

La partie teintée en bleu sur le plan annexé à la présente loi formera le troisième arrondissement, et la partie teintée en rose le sixième.

Art. 2. — La limite entre ces deux arrondissements est fixée par l'axe du cours Lafayette.

Art. 3. — La partie du septième canton de Justice de Paix, comprise entre l'axe du cours Lafayette et la rue Servient, appartiendra désormais au huitième canton.

DÉCRET *du 17 juillet 1867, qui modifie la circonscription des 1er, 2e, 3e, 4e, 5e et 6e cantons de Justice de paix de Lyon.*

NAPOLÉON, par la grâce de Dieu et la volonté nationale, Empereur des Français, à tous présents et à venir, salut :

Sur le rapport de notre garde des sceaux, Ministre secrétaire d'Etat au département de la Justice et des Cultes,

Vu l'article 3 de la loi du 22 juin 1854 et la loi du 6 juillet 1862 :

Notre Conseil d'Etat entendu,

Avons décrété et décrétons ce qui suit :

Article 1er. — La circonscription des premier, deuxième, troisième, quatrième, cinquième et sixième cantons de justice de paix de la ville de Lyon (Rhône), est établie conformément aux lignes tracées sur le plan B annexé au présent décret.

Art. 2. — Notre garde des sceaux, Ministre secrétaire d'Etat au département de la Justice et des Cultes, et notre Ministre secrétaire d'Etat au département de l'Intérieur, sont chargés, chacun en ce qui le concerne, de l'exécution du présent décret qui sera publié et inséré au *Bulletin des lois*.

LOI du 4 avril 1873, relative à l'organisation municipale de Lyon

L'Assemblée nationale a adopté,

Le Président de la République française promulgue la loi dont la teneur suit :

Art. 1er. — A partir de la promulgation de la présente loi, et jusqu'à ce qu'il ait été statué par l'Assemblée nationale, conformément aux articles 8 et 18 de la loi du 14 avril 1871, sur l'organisation des municipalités, la ville de Lyon sera administrée comme la ville de Paris.

Le Préfet du département du Rhône aura, pour la ville de Lyon, les attributions, et y exercera les fonctions qui appartiennent au Préfet de la Seine et au Préfet de police pour la ville de Paris.

Art. 2. — Il y a un maire et deux adjoints pour chacun des six arrondissements municipaux de la ville de Lyon.

Ils sont choisis par le Président de la République ; ils sont chargés de la tenue des registres de l'état civil, et ont les mêmes attributions que celles expressément conférées par les lois spéciales aux maires et adjoints de la ville de Paris.

L'article 17 de la loi du 14 avril 1871 leur est applicable.

Art. 3. — Les articles 12, 13 et 14 de la loi du 14 avril 1871, relatifs au Conseil municipal de Paris, sont également applicables au Conseil municipal de Lyon.

Art. 4. — Les fonctions de maires, d'adjoints et conseillers municipaux sont essentiellement gratuites.

Art. 5. — Les actes inscrits sur les registres de l'état civil de Lyon, depuis le 4 septembre 1870, jusqu'au jour de la mise à exécution de la présente loi, ne pourront être annulés à raison du seul défaut de qualité des personnes qui les ont reçus, pourvu que ces personnes aient eu à ce moment l'exercice public des fonctions municipales ou celles d'officier de l'état civil.

Art. 6. — Au jour de sa première réunion, le Conseil municipal de Lyon élira son bureau, conformément à l'article 3 de la présente loi.

Art. 7. — Lorsqu'il y aura lieu de procéder au renouvellement du Conseil municipal, la ville de Lyon sera divisée, pour les élections municipales, en trente-six sections, nommant chacune, au scrutin individuel et à la majorité absolue, un membre du Conseil municipal.

Le tableau des sections sera arrêté par un décret délibéré en Conseil d'Etat, et ne pourra être modifié que dans la même forme.

LOI du 18 juillet 1837, sur l'administration municipale.

LOUIS-PHILIPPE, roi des Français, à tous présents et à venir, salut :

Nous avons proposé, les Chambres ont adopté, nous avons ordonné et ordonnons ce qui suit :

TITRE PREMIER. — Des réunions, divisions et formations des Communes.

Article 1er. — Aucune réunion, division ou formation de commune ne pourra avoir lieu que conformément aux règles ci-après :

Art. 2. — Toutes les fois qu'il s'agira de réunir plusieurs communes en une seule, ou de distraire une section d'une commune, soit pour la réunir à une autre, soit pour l'ériger en commune séparée, le préfet prescrira préalablement, dans les communes intéressées, une enquête, tant sur le projet en lui-même que sur ses conditions.

Les conseils municipaux, assistés des plus imposés en nombre égal à celui de leurs membres, les conseils d'arrondissement et le conseil général donneront leur avis.

Art. 3. — Si le projet concerne une section de commune, il sera créé, pour cette section, une commission syndicale. Un arrêté du préfet déterminera le nombre des membres de la commission.

Ils seront élus par les électeurs municipaux domiciliés dans la section ; et si le nombre des électeurs n'est pas double de celui des membres à élire, la commission sera composée des plus imposés de la section.

La commission nommera son président. Elle sera chargée de donner son avis sur le projet.

Art. 4. — Les réunions et distractions de communes qui modifieront la composition d'un département, d'un arrondissement ou d'un canton, ne pourront être prononcées que par une loi.

Toutes autres réunions et distractions de communes pourront être prononcées par ordonnance du roi, en cas de consentement des conseils municipaux, délibérant avec les plus imposés, conformément à l'article 2 ci-dessus, et, à défaut de ce consentement, pour les communes qui n'ont pas trois cents habitants, sur l'avis affirmatif du conseil général du département.

Dans tous les autres cas, il ne pourra être statué que par une loi.

Art. 5. — Les habitants de la commune réunie à une autre commune conserveront la jouissance exclusive des biens dont les fruits étaient perçus en nature.

Les édifices et autres immeubles servant à usage public deviendront propriété de la commune à laquelle sera faite la réunion.

Art. 6. — La section de commune érigée en commune séparée ou réunie à une autre commune emportera la propriété des biens qui lui appartenaient exclusivement.

Les édifices et autres immeubles servant à usage public, et situés sur son territoire, deviendront propriété de la nouvelle commune ou de la commune à laquelle sera faite la réunion.

Art. 7. — Les autres conditions de la réunion ou de la distraction seront fixées par l'acte qui la prononcera. Lorsqu'elle sera prononcée par une loi, cette fixation pourra être renvoyée à une ordonnance royale ultérieure, sauf réserve dans tous les cas, de toutes les questions de propriété.

Art. 8. — Dans tous les cas de réunion ou de fractionnement de communes, les conseils municipaux seront dissous. Il sera procédé immédiatement à des élections nouvelles.

TITRE II. — Des Attributions des Maires et des Conseils municipaux.

CHAPITRE PREMIER. — Des Attributions des Maires.

Art. 9. — Le maire est chargé, sous l'autorité de l'administration supérieure :

1° De la publication et de l'exécution des lois et règlements ;

2° Des fonctions spéciales qui lui sont attribuées par les lois :

3° De l'exécution des mesures de sûreté générale.

Art. 10. — Le maire est chargé, sous la surveillance de l'administration supérieure :

1° De la police municipale, de la police rurale et de la voirie municipale, et de pourvoir à l'exécution des actes de l'autorité supérieure qui y sont relatifs ;

2° De la conservation et de l'administration des propriétés de la commune, et de faire en conséquence tous actes conservatoires de ses droits ;

3° De la gestion des revenus, de la surveillance des établissements communaux et de la comptabilité communale ;

4° De la proposition du budget, et de l'ordonnancement des dépenses ;

5° De la direction des travaux communaux :

6° De souscrire les marchés, de passer les baux des biens et les adjudications des travaux communaux, dans les formes établies par les lois et règlements :

7° De souscrire, dans les mêmes formes, les actes de vente, échange, partage, acceptation de dons ou legs, acquisition.

transaction, lorsque ces actes ont été autorisés conformément à la présente loi;

8° De représenter la commune en justice, soit en demandant, soit en défendant.

Art. 11. — Le maire prend des arrêtés, à l'effet :

1° D'ordonner les mesures locales sur les objets confiés par les lois à sa vigilance et à son autorité;

2° De publier de nouveau les lois et règlements de police et de rappeler les citoyens à leur observation.

Les arrêtés pris par le maire sont immédiatement adressés au sous-préfet. Le préfet peut les annuler ou en suspendre l'exécution.

Ceux de ces arrêtés qui portent règlement permanent ne seront exécutoires qu'un mois après la remise de l'ampliation constatée par les récépissés donnés par le sous-préfet.

Art. 12. — Le maire nomme à tous les emplois communaux pour lesquels la loi ne prescrit pas un mode spécial de nomination. Il suspend et révoque les titulaires de ces emplois.

Art. 13. — Le maire nomme les gardes champêtres, sauf l'approbation du conseil municipal. Ils doivent être agréés et commissionnés par le sous-préfet; ils peuvent être suspendus par le maire, mais le préfet seul peut les révoquer.

Le maire nomme également les pâtres communs, sauf l'approbation du conseil municipal. Il peut prononcer leur révocation.

Art. 14. — Le maire est chargé seul de l'administration ; mais il peut déléguer une partie de ses fonctions à un ou plusieurs de ses adjoints, et, en l'absence des adjoints, à ceux des conseillers municipaux qui sont appelés à en faire les fonctions.

Art. 15. — Dans le cas où le maire refuserait ou négligerait de faire un des actes qui lui sont prescrits par la loi, le préfet, après l'en avoir requis, pourra y procéder d'office par lui-même ou par un délégué spécial.

Art. 16. — Lorsque le maire procède à une adjudication

publique pour le compte de la commune, il est assisté de deux membres du conseil municipal, désignés d'avance par le conseil, ou, à défaut, appelés dans l'ordre du tableau.

Le receveur municipal est appelé à toutes les adjudications.

Toutes les difficultés qui peuvent s'élever sur les opérations préparatoires de l'adjudication sont résolues, séance tenante, par le maire et les deux conseillers assistants, à la majorité des voix, sauf le recours de droit.

CHAPITRE II. — Des Attributions des Conseils municipaux.

Art. 17. — Les conseils municipaux règlent par leurs délibérations les objets suivants :

1° Le mode d'administration des biens communaux ;

2° Les conditions des baux à ferme ou à loyer dont la durée n'excède pas dix-huit ans pour les biens ruraux, et neuf ans pour les autres biens :

3° Le mode de jouissance et la répartition des pâturages et fruits communaux, autre que les bois, ainsi que les conditions à imposer aux parties prenantes ;

4° Les affouages, en se conformant aux lois forestières.

Art. 18. — Expédition de toute délibération sur un des objets énoncés en l'article précédent est immédiatement adressée par le maire au sous-préfet, qui en délivre ou fait délivrer récépissé. La délibération est exécutoire si, dans les trente jours qui suivent la date du récépissé, le préfet ne l'a pas annulée, soit d'office, pour violation d'une disposition de loi ou d'un règlement d'administration publique, soit sur la réclamation de toute partie intéressée.

Toutefois, le Préfet peut suspendre l'exécution de la délibération pendant un autre délai de trente jours.

Art 19. — Le conseil municipal délibère sur les objets suivants :

1° Le budget de la commune, et, en général, toutes les recettes et dépenses, soit ordinaires, soit extraordinaires :

2° Les tarifs et règlements de perception de tous les revenus communaux ;

3° Les acquisitions, aliénations et échanges des propriétés communales, leur affectation aux différents services publics, et, en général, tout ce qui intéresse leur conservation et leur amélioration ;

4° La délimitation ou le partage des biens indivis entre deux ou plusieurs communes ou sections de communes ;

5° Les conditions des baux à ferme ou à loyer dont la durée excède dix-huit ans pour les biens ruraux et neuf ans pour les autres biens, ainsi que celles des baux des biens pris à loyer par la commune, quelle qu'en soit la durée ;

6° Les projets de constructions, de grosses réparations et de démolitions, et, en général, tous les travaux à entreprendre ;

7° L'ouverture des rues et places publiques et les projets d'alignement de voirie municipale ;

8° Le parcours et la vaine pâture ;

9° L'acceptation des dons et legs faits à la commune et aux établissements communaux ;

10° Les actions judiciaires et transactions ;

Et tous les autres objets sur lesquels les lois et règlements appellent les conseils municipaux à délibérer.

Art. 20. — Les délibérations des conseils municipaux sur les objets énoncés à l'article précédent sont adressées au sous-préfet.

Elles sont exécutoires sur l'approbation du préfet, sauf les cas où l'approbation par le ministre compétent, ou par ordonnance royale, est prescrite par les lois ou par les règlements d'administration publique.

Art. 21. — Le conseil municipal est toujours appelé à donner son avis sur les objets suivants :

1° Les circonscriptions relatives au culte ;

2° Les circonscriptions relatives à la distribution des secours publics ;

3° Les projets d'alignement de grande voirie dans l'intérieur des villes, bourgs et villages.

2

4° L'acceptation des dons et legs faits aux établissements de charité et de bienfaisance ;

5° Les autorisations d'emprunter, d'acquérir, d'échanger, d'aliéner, de plaider ou de transiger, demandées par les mêmes établissements, et par les fabriques des églises et autres administrations préposés à l'entretien des cultes dont les ministres sont salariés par l'Etat ;

6° Les budgets et les comptes des établissements de charité et de bienfaisance :

7° Les budgets et les comptes de fabriques et autres administrations préposées à l'entretien des cultes dont les ministres sont salariés par l'Etat, lorsqu'elles reçoivent des secours sur les fonds communaux ;

8° Enfin tous les objets sur lesquels les Conseils municipaux sont appelés par les lois et règlements à donner leur avis ou seront consultés par le préfet.

Art. 22. — Le conseil municipal réclame, s'il y a lieu, contre le contingent assigné à la commune dans l'établissement des impôts de répartition.

Art. 23. — Le conseil municipal délibère sur les comptes présentés annuellement par le maire.

Il entend, débat et arrête les comptes de deniers des receveurs, sauf règlement définitif, conformément à l'article 66 de la présente loi.

Art. 24. — Le conseil municipal peut exprimer son vœu sur tous les objets d'intérêt local.

Il ne peut faire ni publier aucune protestation, proclamation ou adresse.

Art. 25. — Dans les séances, où les comptes d'administration du maire sont débattus, le conseil municipal désigne au scrutin celui de ses membres qui exerce la présidence.

Le maire peut assister à la délibération ; il doit se retirer au moment où le conseil municipal va émettre son vote. Le président adresse directement la délibération au sous-préfet.

Art. 26. — Lorsque, après deux convocations successives, faites par le maire, à huit jours d'intervalle et dûment constatées, les membres du conseil municipal ne se sont pas réunis en nombre suffisant, la délibération prise après la troisième convocation est valable, quel que soit le nombre des membres présents.

Art. 27. — Les délibérations des conseils municipaux se prennent à la majorité des voix. En cas de partage, la voix du président est prépondérante.

Art. 28. — Les délibérations sont inscrites, par ordre de date, sur un registre coté et paraphé par le sous-préfet. Elles seront signées par tous les membres présents à la séance, ou mention sera faite de la cause qui les aura empêchés de signer.

Art. 29. — Les séances des conseils municipaux ne sont pas publiques : leurs débats ne peuvent être publiés officiellement qu'avec l'approbation de l'autorité supérieure.

Il est voté au scrutin secret toutes les fois que trois des membres présents le réclament.

TITRE III. — Des Dépenses et Recettes, et des Budgets des Communes.

Art. 30. — Les dépenses des communes sont obligatoires ou facultatives.

Sont obligatoires les dépenses suivantes :

1° L'entretien, s'il y a lieu, de l'hôtel de ville ou du local affecté à la mairie ;

2° Les frais de bureau et d'impression pour le service de la commune ;

3° L'abonnement au *Bulletin des lois* :

4° Les frais de recensement de la population ;

5° Les frais des registres de l'état civil, et la portion des tables décennales à la charge des communes :

6° Le traitement du receveur municipal, du préposé en chef de l'octroi, et les frais de perception :

7° Le traitement des gardes des bois de la commune et des gardes champêtres :

8° Le traitement et les frais de bureau des commissaires de police, tels qu'ils sont déterminés par les lois :

9° Les pensions des employés municipaux et des commissaires de police, régulièrement liquidées et approuvées.

10° Les frais de loyer et de réparation du local de la justice de paix, ainsi que ceux d'achat et d'entretien de son mobilier, dans les communes chefs-lieux de canton :

11° Les dépenses de la garde nationale, telles qu'elles sont déterminées par les lois ;

12° Les dépenses relatives à l'instruction publique, conformément aux lois ;

13° L'indemnité de logement aux curés et desservants, et autres ministres des cultes salariés par l'Etat, lorsqu'il n'existe pas de bâtiment affecté à leur logement ;

14° Les secours aux fabriques des églises et autres administrations préposées aux cultes dont les ministres sont salariés par l'Etat, en cas d'insuffisance de leurs revenus, justifiée par leurs comptes et budgets ;

15° Le contingent assigné à la commune, conformément aux lois, dans la dépense des enfants trouvés et abandonnés ;

16° Les grosses réparations aux édifices communaux, sauf l'exécution des lois spéciales concernant les bâtiments militaires et les édifices consacrés au culte ;

17° La clôture des cimetières, leur entretien et leur translation dans les cas déterminés par les lois et règlements d'administration publique ;

18° Les frais des plans d'alignements ;

19° Les frais et dépenses des conseils des prud'hommes, pour les communes où ils siègent ; les menus frais des chambres consultatives des arts et manufactures, pour les communes où elles existent :

20° Les contributions et prélèvements établis par les lois sur les biens et revenus communaux ;

21° L'acquittement des dettes exigibles,

Et généralement toutes les autres dépenses mises à la charge des communes par une disposition des lois.

Toutes dépenses autres que les précédentes sont facultatives.

ART. 31. — Les recettes des communes sont ordinaires ou extraordinaires.

Les recettes ordinaires des communes se composent :

1° Des revenus de tous les biens dont les habitants n'ont pas la jouissance en nature ;

2° Des cotisations imposées annuellement sur les ayants droit aux fruits qui se perçoivent en nature ;

3° Du produit des centimes ordinaires affectés aux communes par les lois de finances ;

4° Du produit de la portion accordée aux communes dans l'impôt des patentes ;

5° Du produit des octrois municipaux ;

6° Du produit des droits de place perçus dans les halles, foires, marchés, abattoirs, d'après les tarifs dûment autorisés ;

7° Du produit des permis de stationnement et des locations sur la voie publique, sur les ports et rivières et autres lieux publics ;

8° Du produit des péages communaux, des droits de pesage, mesurage et jaugeage, des droits de voirie et autres droits légalement établis ;

9° Du prix des concessions dans les cimetières ;

10° Du produit des concessions d'eau, de l'enlèvement des boues et immondices de la voie publique, et autres concessions autorisées pour les services communaux ;

11° Du produit des expéditions des actes administratifs et des actes de l'état-civil ;

12° De la portion que les lois accordent aux communes dans le produit des amendes prononcées par les tribunaux de simple police, par ceux de police correctionnelle et par les conseils de discipline de la garde nationale,

Et généralement du produit de toutes les taxes de ville et de police dont la perception est autorisée par la loi.

Art. 32. — Les recettes extraordinaires se composent :

1° Des contributions extraordinaires dûment autorisées :

2° Du prix des biens aliénés :

3° Des dons et legs :

4° Du remboursement des capitaux exigibles et des rentes rachetées :

5° Du produit des coupes extraordinaires de bois :

6° Du produit des emprunts,

Et de toutes autres recettes accidentelles.

Art. 33. — Le budget de chaque commune, proposé par le maire, et voté par le conseil municipal, est définitivement réglé par arrêté du préfet.

Toutefois le budget des villes dont le revenu est de cent mille francs, ou plus, est réglé par une ordonnance du Roi.

Le revenu d'une commune est réputé atteindre cent mille francs lorsque les recettes ordinaires, constatées dans les comptes, se sont élevées à cette somme pendant les trois dernières années.

Il n'est réputé être descendu au-dessous de cent mille francs que lorsque, pendant les trois dernières années, les recettes ordinaires sont restées inférieures à cette somme.

Art. 34. —Les crédits qui pourraient être reconnus nécessaires, après le règlement du budget, sont délibérés conformément aux articles précédents, et autorisés par le préfet, dans les communes dont il est appelé à régler le budget, et par le ministre dans les autres communes.

Toutefois, dans ces dernières communes, les crédits supplémentaires pour dépenses urgentes pourront être approuvés par le préfet.

Art. 35. — Dans le cas où, par une cause quelconque, le budget d'une commune n'aurait pas été approuvé avant le commencement de l'exercice, les recettes et les dépenses ordinaires continueront, jusqu'à l'approbation de ce budget, à être faites conformément à celui de l'année précédente.

Art. 36. — Les dépenses proposées au budget d'une commune peuvent être rejetées ou réduites par l'ordonnance du Roi, ou par l'arrêté du Préfet, qui règle ce budget.

Art. 37. — Les conseils municipaux peuvent porter au budget un crédit pour dépenses imprévues.

La somme inscrite pour ce crédit ne pourra être réduite ou rejetée qu'autant que les revenus ordinaires, après avoir satisfait à toutes les dépenses obligatoires, ne permettraient pas d'y faire face, ou qu'elle excéderait le dixième des recettes ordinaires.

Le crédit pour dépenses imprévues sera employé par le maire, avec l'approbation du préfet et du sous-préfet.

Dans les communes autres que les chefs-lieux de département ou d'arrondissement, le maire pourra employer le montant de ce crédit aux dépenses urgentes, sans approbation préalable, à la charge d'en informer immédiatement le sous-préfet, et d'en rendre compte au conseil municipal dans la première session ordinaire qui suivra la dépense effectuée.

Art. 38. — Les dépenses proposées au budget ne peuvent être augmentées, et il ne peut y en être introduit de nouvelles par l'arrêté du préfet, ou l'ordonnance du Roi, qu'autant qu'elles sont obligatoires.

Art. 39. — Si un conseil municipal n'allouait pas les fonds exigés pour une dépense obligatoire, ou n'allouait qu'une somme insuffisante, l'allocation nécessaire serait inscrite au budget par ordonnance du Roi, pour les communes dont le revenu est de cent mille francs et au-dessus, et par arrêté du préfet, en conseil de préfecture, pour celles dont le revenu est inférieur.

Dans tous les cas, le conseil municipal sera préalablement appelé à en délibérer.

S'il s'agit d'une dépense annuelle et variable, elle sera inscrite pour sa quotité moyenne pendant les trois dernières années. S'il s'agit d'une dépense annuelle et fixe de sa nature, ou d'une dépense extraordinaire, elle sera inscrite pour sa quotité réelle.

Si les ressources de la commune sont insuffisantes pour

subvenir aux dépenses obligatoires inscrites d'office en vertu du présent article, il y sera pourvu par le conseil municipal, ou, en cas de refus de sa part, au moyen d'une contribution extraordinaire établie par une ordonnance du Roi, dans les limites du maximum qui sera fixé annuellement par la loi de finances, et par une loi spéciale si la contribution doit excéder ce maximum.

Art. 40. — Les délibérations du conseil municipal concernant une contribution extraordinaire destinée à subvenir aux dépenses obligatoires ne seront exécutoires qu'en vertu d'un arrêté du préfet, s'il s'agit d'une commune ayant moins de cent mille francs de revenu, et d'une ordonnance du Roi, s'il s'agit d'une commune ayant un revenu supérieur.

Dans le cas où la contribution extraordinaire aurait pour but de subvenir à d'autres dépenses que les dépenses obligatoires, elle ne pourra être autorisée que par ordonnance du Roi, s'il s'agit d'une commune ayant moins de cent mille francs de revenu, et par une loi, s'il s'agit d'une commune ayant un revenu supérieur.

Art. 41. — Aucun emprunt ne pourra être autorisé que par ordonnance du Roi, rendue dans les formes des règlements d'administration publique, pour les communes ayant moins de cent mille francs de revenu, et par une loi, s'il s'agit d'une commune ayant un revenu supérieur.

Néanmoins, en cas d'urgence et dans l'intervalle des sessions, une ordonnance du Roi, rendue dans la forme des règlements d'administration publique, pourra autoriser les communes dont le revenu est de cent mille francs et au-dessus à contracter un emprunt jusqu'à concurrence du quart de leurs revenus.

Art. 42. — Dans les communes dont les revenus sont inférieurs à cent mille francs, toutes les fois qu'il s'agira de contributions extraordinaires ou d'emprunts, les plus imposés au rôle de la commune seront appelés à délibérer avec le conseil municipal, en nombre égal à celui des membres en exercice.

Ces plus imposés seront convoqués individuellement par le maire, au moins dix jours avant celui de la réunion.

Lorsque les plus imposés appelés seront absents, ils seront remplacés en nombre égal par les plus imposés portés après eux sur le rôle.

Art. 43. — Les tarifs des droits de voirie sont réglés par ordonnance du Roi, rendue dans la forme des règlements d'administration publique.

Art. 44. — Les taxes particulières dues par les habitants ou propriétaires, en vertu des lois et des usages locaux, sont réparties par délibération du conseil municipal, approuvée par le préfet.

Ces taxes sont perçues suivant les formes établies pour le recouvrement des contributions publiques.

Art. 45.— Aucune construction nouvelle, ou reconstruction entière ou partielle ne pourra être autorisée que sur la production des projets et devis.

Ces projets et devis seront soumis à l'approbation préalable du ministre compétent, quand la dépense excédera trente mille francs, et à celle du préfet quand elle sera moindre.

TITRE IV. — Des Acquisitions, Aliénations, Baux, Dons et Legs.

Art. 46. — Les délibérations des conseils municipaux ayant pour objet des acquisitions, des ventes ou échanges d'immeubles, le partage des biens indivis, sont exécutoires sur arrêté du préfet, en conseil de préfecture, quand il s'agit d'une valeur n'excédant pas trois mille francs, pour les communes dont le revenu est au-dessous de cent mille francs, et vingt mille francs pour les autres communes.

S'il s'agit d'une valeur supérieure, il est statué par ordonnance du Roi.

La vente des biens mobiliers et immobiliers des communes, autre que ceux qui servent à un usage public, pourra, sur la demande de tout créancier porteur de titres exécutoires, être autorisée par une ordonnance du Roi, qui déterminera les formes de la vente.

Art. 47. — Les délibérations des conseils municipaux, ayant pour objet des baux dont la durée devra excéder dix-huit ans, ne seront exécutoires qu'en vertu d'une ordonnance royale.

Quelle que soit la durée du bail, l'acte passé par le maire n'est exécutoire qu'après l'approbation du préfet.

Art. 48. — Les délibérations ayant pour objet l'acceptation des dons et legs d'objets mobiliers, ou de sommes d'argent, faites à la commune et aux établissements communaux, sont exécutoires en vertu d'un arrêté du préfet, lorsque leur valeur n'excède pas trois mille francs, et en vertu d'une ordonnance du Roi, lorsque leur valeur est supérieure ou qu'il y a réclamation des prétendants droit à la succession.

Les délibérations qui porteraient refus de dons et legs, et toutes celles qui concerneraient des dons et legs d'objets immobiliers ne sont exécutoires qu'en vertu d'une ordonnance du Roi.

Le maire peut toujours, à titre conservatoire, accepter les dons et legs, en vertu de la délibération du conseil municipal : l'ordonnance du Roi, ou l'arrêté du préfet, qui intervient ensuite, a effet du jour de cette acceptation.

TITRE V. — Des Actions judiciaires et des Transactions.

Art. 49. — Nulle commune ou section de commune ne peut introduire une action en justice sans être autorisée par le conseil de préfecture.

Après tout jugement intervenu, la commune ne peut se pourvoir devant un autre degré de juridiction qu'en vertu d'une nouvelle autorisation du conseil de préfecture.

Cependant, tout contribuable inscrit au rôle de la commune a le droit d'exercer, à ses frais et risques, avec l'autorisation du conseil de préfecture, les actions qu'il croirait appartenir à la commune ou section, et que la commune ou section, préalablement appelée à en délibérer, aurait refusé ou négligé d'exercer.

La commune ou section sera mise en cause, et la décision qui interviendra aura effet à son égard.

Art. 50. — La commune, section de commune ou le contribuable auquel l'autorisation aura été refusée pourra se pourvoir devant le Roi, en Conseil d'Etat. Le pourvoi sera introduit et jugé en la forme administrative. Il devra, à peine de déchéance, avoir lieu dans le délai de trois mois, à dater de la notification de l'arrêté du conseil de préfecture.

Art. 51.—Quiconque voudra intenter une action contre une commune ou section de commune sera tenu d'adresser préalablement au préfet un mémoire exposant les motifs de sa réclamation. Il lui en sera donné récépissé.

La présentation du mémoire interrompra la prescription et toute déchéance.

Le préfet transmettra le mémoire au maire, avec l'autorisation de convoquer immédiatement le conseil municipal pour en délibérer.

Art. 52.— La délibération du conseil municipal sera, dans tous les cas, transmise au conseil de préfecture, qui décidera si la commune doit être autorisée à ester en jugement.

La décision du conseil de préfecture devra être rendue dans le délai de deux mois, à partir de la date du récépissé énoncé en l'article précédent.

Art 53. — Toute décision du conseil de préfecture portant refus d'autorisation devra être motivée.

En cas de refus de l'autorisation, le maire pourra, en vertu d'une délibération du conseil municipal, se pourvoir devant le Roi, en son Conseil d'Etat, conformément à l'article 50 ci-dessus.

Il devra être statué sur le pourvoi dans le délai de deux mois, à partir du jour de son enregistrement au secrétariat général du Conseil d'Etat.

Art. 54.— L'action ne pourra être intentée qu'après la décision du conseil de préfecture, et, à défaut de décision dans le délai fixé par l'article 52, qu'après l'expiration de ce délai.

En cas de pourvoi contre la décision du conseil de préfecture, l'instance sera suspendue jusqu'à ce qu'il ait été statué sur le pourvoi, et, à défaut de décision dans le délai fixé par l'article précédent, jusqu'à l'expiration de ce délai.

En aucun cas, la commune ne pourra défendre à l'action qu'autant qu'elle y aura été expressément autorisée.

Art. 55. — Le maire peut, toutefois, sans autorisation préalable, intenter toute action possessoire, ou y défendre, et faire tous autres actes conservatoires et interruptifs des déchéances.

Art. 56. — Lorsqu'une section est dans le cas d'intenter ou de soutenir une action judiciaire contre la commune elle-même, il est formé, pour cette section, une commission syndicale de trois ou cinq membres, que le préfet choisit parmi les électeurs municipaux, et, à leur défaut, parmi les citoyens les plus imposés.

Les membres du corps municipal qui seraient intéressés à la jouissance des biens ou droits revendiqués par la section ne devront point participer aux délibérations du conseil municipal relatives au litige.

Ils seront remplacés, dans toutes ces délibérations, par un nombre égal d'électeurs municipaux de la commune, que le préfet choisira parmi les habitants ou propriétaires étrangers à la section.

L'action est suivie par celui de ses membres que la commission syndicale désigne à cet effet.

Art. 57. — Lorsqu'une section est dans le cas d'intenter ou de soutenir une action judiciaire contre une autre section de la même commune, il sera formé, pour chacune des sections intéressées, une commission syndicale conformément à l'article précédent.

Art. 58. — La section qui aura obtenu une condamnation contre la commune, ou contre une autre section, ne sera point passible des charges ou contributions imposées pour l'acquittement des frais et dommages-intérêts qui résulteraient du fait du procès.

Il en sera de même à l'égard de toute partie qui aurait plaidé contre une commune ou une section de commune.

Art. 59. — Toute transaction consentie par un conseil municipal ne peut être exécutée qu'après l'homologation par ordonnance royale, s'il s'agit d'objets immobiliers ou d'objets mobiliers d'une valeur supérieure à trois mille francs, et par arrêté du préfet en conseil de préfecture, dans les autres cas.

TITRE VI. — Comptabilité des Communes.

Art. 60. — Les comptes du maire, pour l'exercice clos, sont présentés au conseil municipal avant la délibération du budget. Ils sont définitivement approuvés par les préfets, pour les communes dont le revenu est inférieur à cent mille francs, et par le ministre compétent, pour les autres communes.

Art. 61. — Le maire peut seul délivrer des mandats. S'il refusait d'ordonnancer une dépense régulièrement autorisée et liquide, il serait prononcé par le préfet en conseil de préfecture.

L'arrêté du préfet tiendrait lieu du mandat du maire.

Art. 62. — Les recettes et dépenses communales s'effectuent par un comptable chargé seul, et sous sa responsabilité, de poursuivre la rentrée de tous revenus de la commune et de toutes sommes qui lui seraient dues, ainsi que d'acquitter les dépenses ordonnancées par le maire, jusqu'à concurrence des crédits régulièrement accordés.

Tous les rôles de taxe, de sous-répartitions et de prestations locales, devront être remis à ce comptable.

Art. 63. — Toutes les recettes municipales pour lesquelles les lois et règlements n'ont pas prescrit un mode spécial de recouvrement s'effectuent sur les états dressés par le maire.

Ces états sont exécutoires après qu'ils ont été visés par le sous-préfet.

Les oppositions, lorsque la matière est de la compétence des tribunaux ordinaires, sont jugées comme affaires sommaires, et la commune peut y défendre, sans autorisation du conseil de préfecture.

Art. 64. — Toute personne, autre que le receveur municipal, qui, sans autorisation légale, se serait ingérée dans le maniement des deniers de la commune, sera, par ce seul fait, constituée comptable ; elle pourra en outre être poursuivie en vertu de l'article 258 du Code pénal, comme s'étant immiscée sans titre dans des fonctions publiques.

Art. 65. — Le percepteur remplit les fonctions de receveur municipal.

Néanmoins, dans les communes dont le revenu excède trente mille francs, ces fonctions sont confiées, si le conseil municipal le demande, à un receveur municipal spécial. Il est nommé par le Roi, sur trois candidats que le conseil municipal présente.

Les dispositions du premier paragraphe ci-dessus ne seront applicables aux communes ayant actuellement un receveur municipal que sur la demande du conseil municipal, ou en cas de vacance.

Art. 66. — Les comptes du receveur municipal sont définitivement apurés par le conseil de préfecture, pour les communes dont le revenu n'excède pas trente mille francs, sauf recours à la cour des comptes.

Les comptes des receveurs des communes dont le revenu excède trente mille francs sont réglés et apurés par ladite cour.

Les dispositions ci-dessus, concernant la juridiction des conseils de préfecture et de la cour des comptes sur les comptes des receveurs municipaux, sont applicables aux comptes des trésoriers des hôpitaux et autres établissements de bienfaisance.

Art. 67. — La responsabilité des receveurs municipaux et

les formes de la comptabilité des communes seront déterminées par des règlements d'administration publique. Les receveurs municipaux seront assujettis, pour l'exécution de ces règlements, à la surveillance des receveurs des finances.

Dans les communes où les fonctions de receveur municipal et de percepteur sont réunies, la gestion du comptable est placée sous la responsabilité du receveur des finances de l'arrondissement.

Art. 68. — Les comptables qui n'auront pas présenté leurs comptes dans les délais prescrits par les règlements pourront être condamnés, par l'autorité chargée de les juger, à une amende de dix francs à cent francs, par chaque mois de retard, pour les receveurs et trésoriers justiciables des conseils de préfecture, et de cinquante à cinq cents francs, également par mois de retard, pour ceux qui sont justiciables de la cour des comptes.

Ces amendes seront attribuées aux communes ou établissements que concernent les comptes en retard.

Elles seront assimilées aux débets de comptables, et le recouvrement pourra en être suivi par corps, conformément aux articles 8 et 9 de la loi du 17 avril 1832.

Art. 69. — Les budgets et les comptes des communes restent déposés à la mairie, où toute personne imposée aux rôles de la commune a droit d'en prendre connaissance.

Ils sont rendus publics par la voie de l'impression, dans les communes dont le revenu est de cent mille francs ou plus, et dans les autres, quand le conseil municipal a voté la dépense de l'impression.

TITRE VII. — Des Intérêts qui concernent plusieurs Communes.

Art. 70. — Lorsque plusieurs communes possèdent des biens ou des droits par indivis, une ordonnance du Roi ins-

composée de délégués des conseillers des communes intéressées.

Chacun des conseils élira dans son sein, au scrutin secret, et à la majorité des voix, le nombre de délégués qui aura été determiné par l'ordonnance du Roi.

La commission syndicale sera renouvelée tous les trois ans, après le renouvellement partiel des conseils municipaux.

Les délibérations prises par la commission ne sont exécutoires que sur l'approbation du préfet, et demeurent, d'ailleurs, soumises à toutes les règles établies pour les délibérations des conseils municipaux.

Art. 71. — La commission syndicale sera présidée par un syndic, qui sera nommé par le préfet et choisi parmi les membres qui la composent.

Les attributions de la commission syndicale et du syndic, en ce qui touche les biens et les droits indivis, seront les mêmes que celles des conseils municipaux et des maires pour l'administration des propriétés communales.

Art. 72. — Lorsqu'un même travail intéressera plusieurs communes, les conseils municipaux seront spécialement appelés à délibérer sur leurs intérêts respectifs et sur la part de la dépense que chacune d'elles devra supporter. Ces délibérations seront soumises à l'approbation du préfet.

En cas de désaccord entre les conseils municipaux, le préfet prononcera, après avoir entendu le conseil d'arrondissement et le conseil général. Si les conseils municipaux appartiennent à des départements différents, il sera statué par ordonnance royale.

La part de la dépense définitivement assignée à chaque commune sera portée d'office aux budgets respectifs, conformément à l'article 39 de la présente loi.

Art. 73. — En cas d'urgence, un arrêté du préfet suffira pour ordonner les travaux, et pourvoira à la dépense à l'aide tituera, si l'une d'elles le réclame, une commission syndicale d'un rôle provisoire. Il sera procédé ultérieurement à sa répartition définitive dans la forme déterminée par l'article précédent.

TITRE VIII. — Disposition spéciale.

Art. 74. — Il sera statué par une loi spéciale sur l'administration municipale de la ville de Paris.

LOI sur l'organisation municipale, du 5 mai 1855.

NAPOLÉON, par la grâce de Dieu et la volonté nationale, Empereur des Français, à tous présents et à venir, salut :

Avons sanctionné et sanctionnons, promulgué et promulguons ce qui suit :

SECTION 1re. — Composition et mode de nomination du corps municipal.

Art. 1er. — Le corps municipal de chaque commune se compose du maire, d'un ou de plusieurs adjoints, et des conseillers municipaux.

Les fonctions des maires, des adjoints et des autres membres du corps municipal sont gratuites.

Art. 2. — Le maire et les adjoints sont nommés par l'Empereur dans les chefs-lieux de département, d'arrondissement et de canton, et dans les communes de trois mille habitants et au-dessus.

Dans les autres communes, ils sont nommés par le préfet, au nom de l'Empereur.

Ils doivent être âgés de vingt-cinq ans accomplis, et inscrits, dans la commune, au rôle de l'une des quatre contributions directes.

Les adjoints peuvent être pris, comme le maire, en dehors du conseil municipal.

Le maire et les adjoints sont nommés pour cinq ans.

Ils remplissent leurs fonctions même après l'expiration de ce terme, jusqu'à l'installation de leurs successeurs.

Ils peuvent être suspendus par arrêté du préfet.

Cet arrêté cessera d'avoir effet, s'il n'est confirmé, dans le délai de deux mois, par le Ministre de l'intérieur.

Les maires et adjoints ne peuvent être révoqués que par décret de l'Empereur.

Art. 3. — Il y a un adjoint dans les communes de deux mille cinq cents habitants et au-dessous; deux dans celles de deux mille cinq cent un à dix mille habitants. Dans les communes d'une population supérieure, il pourra être nommé un adjoint de plus par chaque excédant de vingt mille habitants.

Lorsque la mer ou quelque autre obstacle rend difficiles, dangereuses ou momentanément impossibles les communications entre le chef-lieu et une fraction de commune, un adjoint spécial, pris entre les habitants de cette fraction, est nommé en sus du nombre ordinaire : cet adjoint spécial remplit les fonctions d'officier de l'état civil, et peut être chargé de l'exécution des lois et règlements de police dans cette partie de la commune.

Art. 4. — En cas d'absence ou d'empêchement, le maire est

remplacé par un de ses adjoints, dans l'ordre des nominations.

En cas d'absence ou d'empêchement du maire et des adjoints, le maire est remplacé par un conseiller municipal désigné par le préfet, ou, à défaut de cette désignation, par le conseiller municipal, le premier dans l'ordre du tableau.

Ce tableau est dressé d'après le nombre des suffrages obtenus, et en suivant l'ordre des scrutins.

Art. 5. — Ne peuvent être ni maires, ni adjoints :

1° Les préfets, sous-préfets, secrétaires généraux et conseillers de préfecture ;

2° Les membres des cours, des tribunaux de première instance et des justices de paix ;

3° Les ministres des cultes ;

4° Les militaires et employés des armées de terre et de mer en activité de service ou en disponibilité ;

5° Les ingénieurs des ponts et chaussées et des mines en activité de service, les conducteurs des ponts et chaussées et les agents voyers ;

6° Les agents et employés des administrations financières et des forêts, ainsi que les gardes des établissements publics et des particuliers ;

7° Les commissaires et agents de police ;

8° Les fonctionnaires et employés des colléges communaux et les instituteurs primaires communaux ou libres ;

9° Les comptables et les fermiers des revenus communaux et les agents salariés par la commune.

Néanmoins, les juges suppléants aux tribunaux de première instance et les suppléants de juges de paix peuvent être maires ou adjoints.

Les agents salariés du maire ne peuvent être ses adjoints.

Il y a incompatibilité entre les fonctions de maire et d'adjoint et le service de la garde nationale.

Art. 6. — Chaque commune a un conseil municipal composé

de dix membres dans les communes de 500 habitants et au-dessous ;

De 12, dans celles de............	501	à	1,500
De 16, dans celles de............	1,501	à	2,500
De 21, dans celles de............	2,501	à	3,500
De 23, dans celles de............	3,501	à	10,000
De 27, dans celles de............	10,001	à	30,000
De 30, dans celles de............	30,001	à	40,000
De 32, dans celles de............	40,001	à	50,000
De 34, dans celles de............	50,001	à	60,000
De 36, dans celles de............	60,001	et au-dessus.	

Art. 7. — Les membres du conseil municipal sont élus par les électeurs inscrits sur la liste communale dressée en vertu de l'article 13 du décret du 2 février 1852.

Le préfet peut, par un arrêté, pris en conseil de préfecture, diviser les communes en sections électorales.

Il peut, par le même arrêté, répartir entre les sections le nombre des conseillers à élire, en tenant compte du nombre des électeurs inscrits.

Art. 8. — Les conseillers municipaux doivent être âgés de vingt-cinq ans accomplis.

Ils sont élus pour cinq ans.

En cas de vacance dans l'intervalle des élections quinquennales, il est procédé au remplacement quand le conseil municipal se trouve réduit aux trois quarts de ses membres.

Art. 9. — Ne peuvent être conseillers municipaux :

1° Les comptables de deniers communaux et les agents salariés de la commune ;

2° Les entrepreneurs de services communaux ;

3° Les domestiques attachés à la personne ;

4° Les individus dispensés de subvenir aux charges communales et ceux qui sont secourus par les bureaux de bienfaisance.

Art. 10. — Les fonctions de conseiller municipal sont incompatibles avec celles :

1° De préfets, sous-préfets, secrétaires généraux, conseillers de préfecture :

2° De commissaires et d'agents de police :

3° De militaires ou employés des armées de terre et de mer en activité de service:

4° De ministres des divers cultes en exercice dans la commune.

Nul ne peut être membre de plusieurs conseils municipaux.

Art. 11. — Dans les communes de cinq cents âmes et au-dessus, les parents au degré de père, de fils, de frère, et les alliés au même degré, ne peuvent être en même temps membres du conseil municipal.

Art. 12. — Tout conseiller municipal qui, par une cause survenue postérieurement à sa nomination, se trouve dans un des cas prévus par les articles 9, 10 et 11, est déclaré démissionnaire par le préfet, sauf recours au conseil de préfecture.

Art. 13. — Les conseils municipaux peuvent être suspendus par le préfet; la dissolution ne peut être prononcée que par l'Empereur.

La suspension prononcée par le préfet sera de deux mois, et pourra être prolongée par le Ministre de l'intérieur jusqu'à une année; à l'expiration de ce délai, si la dissolution n'a pas été prononcée par un décret, le conseil municipal reprend ses fonctions.

En cas de suspension, le préfet nomme immédiatement une commission pour remplir les fonctions du conseil municipal dont la suspension a été prononcée.

En cas de dissolution, la commission est nommée soit par l'Empereur, soit par le préfet, suivant la distinction établie au paragraphe Ier de l'article 2 de la présente loi.

Le nombre des membres de cette commission ne peut être inférieur à la moitié de celui des conseillers municipaux.

La commission nommée, en cas de dissolution, peut être

maintenue en fonctions jusqu'au renouvellement quinquennal.

Art. 14. — Dans la ville de Paris, dans les autres communes du département de la Seine, et dans la ville de Lyon, le conseil municipal est nommé par l'Empereur, tous les cinq ans, et présidé par un de ses membres, également désigné par l'Empereur.

Les conseils de Paris et de Lyon sont composés de trente-six membres.

Il n'est pas autrement dérogé aux lois spéciales qui régissent l'organisation municipale dans ces deux villes.

SECTION II. — Assemblée des Conseils municipaux.

Art. 15. — Les conseils municipaux s'assemblent, en session ordinaire, quatre fois l'année : au commencement de février, mai, août et novembre. Chaque session peut durer dix jours.

Le préfet ou le sous-préfet prescrit la convocation extraordinaire du conseil municipal, ou l'autorise, sur la demande du maire, toutes les fois que les intérêts de la commune l'exigent.

La convocation peut également avoir lieu, pour un objet spécial et déterminé, sur la demande du tiers des membres du conseil municipal, adressée directement au préfet, qui ne peut la refuser que par un arrêté motivé. Cet arrêté est notifié aux réclamants, qui peuvent se pourvoir devant le Ministre de l'intérieur.

Art. 16. — La convocation se fait par écrit et à domicile.

Quand le conseil municipal se réunit en session ordinaire, la convocation se fait trois jours au moins avant celui de la réunion.

Quand le conseil municipal est convoqué extraordinairement, la convocation se fait cinq jours au moins avant celui de la réunion. Elle contient l'indication des objets spéciaux et déterminés pour lesquels le conseil doit s'assembler.

Dans les sessions ordinaires, le conseil peut s'occuper de toutes les matières qui rentrent dans ses attributions.

En cas de réunion extraordinaire, le conseil ne peut s'occuper que des objets pour lesquels il a été spécialement convoqué.

En cas d'urgence, le sous-préfet peut abréger les délais de convocation.

Art. 17. — Le conseil municipal ne peut délibérer que lorsque la majorité des membres en exercice assiste à la séance.

Lorsque, après deux convocations successives, à huit jours d'intervalle, et dûment constatées, les membres du conseil municipal ne se sont pas réunis en nombre suffisant, la délibération prise après la troisième convocation est valable, quel que soit le nombre des membres présents.

Art. 18. — Les conseillers siégent dans l'ordre du tableau.

Les résolutions sont prises à la majorité absolue des suffrages.

Il est voté au scrutin secret toutes les fois que trois des membres présents le réclament.

Art. 19. — Le maire préside le conseil municipal et a voix prépondérante en cas de partage.

Les mêmes droits appartiennent à l'adjoint qui le remplace.

Dans tout autre cas, les adjoints pris en dehors du conseil ont seulement droit d'y siéger avec voix consultative.

Les fonctions de secrétaire sont remplies par un des membres du conseil, nommé au scrutin secret et à la majorité des membres présents. Le secrétaire est nommé pour chaque session.

Art. 20. — Tout membre du conseil municipal qui, sans motifs légitimes, a manqué à trois convocations consécutives, peut être déclaré démissionnaire par le préfet, sauf recours, dans les dix jours de la notification, devant le conseil de préfecture.

Art. 21. — Les membres du conseil municipal ne peuvent prendre part aux délibérations relatives aux affaires dans lesquelles ils ont un intérêt, soit en leur nom personnel, soit comme mandataires.

Art. 22. — Les séances des conseils municipaux ne sont pas publiques.

Les délibérations sont inscrites, par ordre de date, sur un registre coté et paraphé par le sous-préfet.

Elles sont signées par tous les membres présents à la séance, ou mention est faite de la cause qui les a empêchés de signer.

Copie en est adressée au préfet ou au sous-préfet, dans la huitaine.

Tout habitant ou contribuable de la commune a droit de demander communication, sans déplacement, et de prendre copie des délibérations du conseil municipal de sa commune.

Art. 23. — Toute délibération d'un conseil municipal portant sur un objet étranger à ses attributions est nulle de plein droit.

Le préfet, en conseil de préfecture, en déclare la nullité. En cas de réclamation du conseil municipal, il est statué par un décret de l'Empereur, le Conseil d'Etat entendu.

Art. 24. — Sont également nulles, de plein droit, toutes les délibérations prises par un conseil municipal hors de sa réunion légale.

Le préfet, en conseil de préfecture, déclare l'illégalité de la réunion et la nullité des délibérations.

Art. 25. — Tout conseil municipal qui se mettrait en correspondance avec un ou plusieurs autres conseils, ou qui publierait des proclamations ou adresses, sera immédiatement suspendu par le préfet.

Art. 26. — Tout éditeur, imprimeur, journaliste ou autre, qui rendra publics les actes interdits au conseil municipal par les articles 24 et 25 de la présente loi, sera passible des peines portées en l'article 123 du Code pénal.

SECTION III. — Assemblée des électeurs municipaux et voie de recours contre les opérations électorales.

Art. 27. — L'assemblée des électeurs est convoquée par le préfet aux jours déterminés par l'article 33 de la présente loi.

Art. 28. — Lorsqu'il y aura lieu de remplacer les conseillers municipaux élus par des sections, conformément à l'article 7 de la présente loi, ces remplacements seront faits par les sections auxquelles appartenaient ces conseillers.

Art. 29. — Les sections sont présidées, savoir : la première, par le maire, et les autres, successivement, par les adjoints, dans l'ordre de leur nomination, et par les conseillers municipaux, dans l'ordre du tableau.

Art. 30. — Le président a seul la police de l'assemblée.

Ces assemblées ne peuvent s'occuper d'autres objets que des élections qui leur sont attribuées. Toute discussion, toute délibération leur sont interdites.

Art. 31. — Les deux plus âgés et les deux plus jeunes des électeurs présents à l'ouverture de la séance, sachant lire et écrire, remplissent les fonctions de scrutateurs.

Le secrétaire est désigné par le président et les scrutateurs. Dans les délibérations du bureau, il n'a que voix consultative.

Trois membres du bureau, au moins, doivent être présents pendant tout le cours des opérations.

Art. 32. — Les assemblées des électeurs communaux procèdent aux élections qui leur sont attribuées au scrutin de liste.

Art. 33. — Dans les communes de deux mille cinq cents habitants et au-dessus, le scrutin dure deux jours ; il est ouvert le samedi et clos le dimanche. Dans les communes d'une population moindre, le scrutin ne dure qu'un jour, il est ouvert et clos le dimanche.

Art. 34. — Le bureau juge provisoirement les difficultés qui s'élèvent sur les opérations de l'Assemblée.

Ses décisions sont motivées.

Toutes les réclamations et décisions sont insérées au procès-verbal ; les pièces et les bulletins qui s'y rapportent y sont annexés, après avoir été paraphés par le bureau.

Art. 35.— Pendant toute la durée des opérations, une copie de la liste des électeurs, certifiée par le maire, contenant les nom, domicile, qualification de chacun des inscrits, reste déposée sur la table autour de laquelle siége le bureau.

Art. 36. — Nul ne peut être admis à voter, s'il n'est inscrit sur cette liste.

Toutefois, seront admis à voter, quoique non inscrits, les électeurs porteurs d'une décision du juge de paix ordonnant leur inscription, ou d'un arrêt de la cour de cassation annulant un jugement qui aurait prononcé leur radiation.

Art. 37. — Nul électeur ne peut entrer dans l'assemblée s'il est porteur d'armes quelconques.

Art. 38. — Les électeurs sont appelés successivement à voter par ordre alphabétique.

Ils apportent leurs bulletins préparés en dehors de l'assemblée.

Le papier du bulletin doit être blanc et sans signe extérieur.

A l'appel de son nom, l'électeur remet au président son bulletin fermé.

Le président le dépose dans la boite du scrutin, laquelle doit, avant le commencement du vote, avoir été fermée à deux serrures, dont les clefs restent, l'une entre les mains du président, l'autre entre les mains du scrutateur le plus âgé.

Le vote de chaque électeur est constaté sur la liste, en marge de son nom, par la signature ou le paraphe de l'un des membres du bureau.

L'appel étant terminé, il est procédé au réappel, par ordre alphabétique, des électeurs qui n'ont pas voté.

Art. 39. — Le président doit constater, au commencement de l'opération, l'heure à laquelle le scrutin est ouvert.

Le scrutin ne peut être fermé qu'après être resté ouvert pendant trois heures au moins.

Le président constate l'heure à laquelle il déclare le scrutin clos, et, après cette déclaration, aucun vote ne peut être reçu.

Art. 40. — Après la clôture du scrutin, il est procédé au dépouillement de la manière suivante :

La boite du scrutin est ouverte et le nombre des bulletins vérifiés.

Si ce nombre est plus grand ou moindre que celui des votants, il en est fait mention au procès-verbal.

Le bureau désigne, parmi les électeurs présents, un certain nombre de scrutateurs.

Le président et les membres du bureau surveillent l'opération du dépouillement. Ils peuvent y procéder eux-mêmes, s'il y a moins de trois cents votants.

Art. 41. — Si le dépouillement du scrutin ne peut avoir lieu le jour même, les boites contenant les bulletins sont scellées et déposées pendant la nuit au secrétariat ou dans une des salles de la mairie.

Les scellés sont également apposés sur les ouvertures du lieu où les boites ont été déposées.

Le maire prend les autres mesures nécessaires pour la garde des boites du scrutin.

Art. 42. — Les bulletins sont valables, bien qu'ils portent plus ou moins de noms qu'il n'y a de conseillers à élire.

Les derniers noms inscrits au delà de ce nombre ne sont pas comptés.

Les bulletins blancs ou illisibles, ceux qui ne contiennent

pas une désignation suffisante, ou qui contiennent une désignation ou qualification inconstitutionnelle, ou dans lesquels les votants se font connaître, n'entrent pas en compte dans le résultat du dépouillement, mais ils sont annexés au procès-verbal.

Art. 43. — Immédiatement après le dépouillement, le président proclame le résultat du scrutin.

Le procès-verbal des opérations électorales est dressé par le secrétaire : il est signé par lui et par les autres membres du bureau. Une copie, également signée du secrétaire et des membres du bureau, en est aussitôt envoyée au préfet par l'intermédiaire du sous-préfet.

Les bulletins, autres que ceux qui doivent être annexés au procès-verbal, sont brûlés en présence des électeurs.

Art. 44. — Nul n'est élu au premier tour de scrutin, s'il n'a réuni : 1° la majorité absolue des suffrages exprimés : 2° un nombre de suffrages égal au quart de celui des électeurs inscrits. Au deuxième tour de scrutin, l'élection a lieu à la majorité relative, quel que soit le nombre des votants. Les deux tours de scrutin peuvent avoir lieu le même jour.

Dans le cas où le deuxième tour de scrutin ne peut avoir lieu le même jour, l'assemblée est de droit convoquée pour le dimanche suivant.

Si plusieurs candidats obtiennent le même nombre de suffrages, l'élection est acquise au plus âgé.

Art. 45. — Tout électeur a le droit d'arguer de nullité les opérations de l'assemblée dont il fait partie.

Les réclamations doivent être consignées au procès-verbal, sinon elles doivent être, à peine de nullité, déposées au secrétariat de la mairie, dans le délai de cinq jours, à dater du jour de l'élection. Elles sont immédiatement adressées au préfet, par l'intermédiaire du sous-préfet : elles peuvent aussi être déposées directement à la préfecture, ou à la sous-préfecture, dans le même délai de cinq jours.

Il est statué par le conseil de préfecture, sauf recours au Conseil d'Etat.

Si le conseil de préfecture n'a pas prononcé dans le délai d'un mois, à compter de la réception des pièces à la préfecture, la réclamation est considérée comme rejetée. Les réclamants peuvent se pourvoir au Conseil d'Etat dans le délai de trois mois.

En cas de recours au Conseil d'Etat, le pourvoi est jugé sans frais.

Art. 46. — Le préfet, s'il estime que les conditions et les formes légalement prescrites n'ont pas été remplies, peut également, dans le délai de quinze jours, à dater de la réception du procès-verbal, déférer les opérations électorales au conseil de préfectnre.

Le recours au conseil d'Etat, contre la décision du conseil de préfecture, est ouvert, soit au préfet, soit aux parties intéressées, dans les délais et les formes réglés par l'article précédent.

Art. 47. — Dans tous les cas où une réclamation, formée en vertu de la présente loi, implique la solution préjudicielle d'une question d'état, le conseil de préfecture renvoie les parties à se pourvoir devant les juges compétents, et fixe un bref délai dans lequel la partie qui aura élevé la question préjudicielle doit justifier de ses diligences.

Art. 48. — Dans le cas où l'annulation de tout ou partie des élections est devenue définitive, l'assemblée des électeurs est convoquée dans un délai qui ne peut excéder trois mois.

Art. 49. — Dans les six mois qui suivront la promulgation de la présente loi, il sera procédé au renouvellement intégral des conseils municipaux, ainsi qu'à la nomination des maires et adjoints.

Les membres des conseils municipaux, les maires et adjoints actuellement en exercice, continueront leurs fonctions jusqu'à l'installation de leurs successeurs.

SECTION IV. — *Dispositions particulières.*

Art. 50. — Dans les communes chefs-lieux de département, dont la population excède quarante mille âmes, le préfet remplit les fonctions de préfet de police, telles qu'elles sont réglées par les dispositions actuellement en vigueur de l'arrêté des Consuls du 12 messidor an VIII.

Toutefois, les maires desdites communes restent chargés sous la surveillance du préfet, et sans préjudice des attributions, tant générales que spéciales, qui leur sont conférées par les lois :

1° De tout ce qui concerne l'établissement, l'entretien, la conservation des édifices communaux, cimetières, promenades, places, rues et voies publiques, ne dépendant pas de la grande voirie: l'établissement et la réparation des fontaines, aqueducs, pompes et égouts :

2° De la police municipale, en tout ce qui a rapport à la sûreté et à la liberté du passage sur la voie publique, à l'éclairage, au balayage, aux arrosements, à la solidité et à la salubrité des constructions privées ;

Aux mesures propres à prévenir et à arrêter les accidents et fléaux calamiteux, tels que les incendies, les épidémies, les épizooties, les débordements :

Aux secours à donner aux noyés :

A l'inspection de la salubrité des denrées, boissons, comestibles et autres marchandises mises en vente publique, et de la fidélité de leur débit :

3° De la fixation des mercuriales:

4° Des adjudications, marchés et baux.

Les conseils municipaux desdites communes sont appelés, chaque année, à voter, sur la proposition du préfet, les allocations qui doivent être affectées à chacun des services dont les maires cessent d'être chargés. Ces dépenses sont obligatoires.

Si un conseil n'allouait pas les fonds exigés pour ces dépenses, ou n'allouait qu'une somme insuffisante, l'allocation nécessaire serait inscrite au budget par décret impérial, le Conseil d'Etat entendu.

Art. 51. — Sont abrogées la loi du 21 mars 1831, et les dispositions du décret du 3 juillet 1848 et de la loi du 7 juillet 1852 relatives à l'organisation des corps municipaux.

LOI du 24 juillet 1867, sur les Conseils municipaux.

Napoléon, par la grâce de Dieu et la volonté nationale, Empereur des Français, à tous présents à venir, salut :

Avons sanctionné et sanctionnons, promulgué et promulguons ce qui suit :

TITRE Ier. — Des attributions des Conseils municipaux.

Art. 1er. — Les Conseils municipaux règlent, par leurs délibérations, les affaires ci-après désignées, savoir :

1° Les acquisitions d'immeubles, lorsque la dépense, totalisée avec celle des autres acquisitions déjà votées dans le même exercice, ne dépasse pas le dixième des revenus ordinaires de la commune ;

2° Les conditions des baux à loyer des maisons et bâtiments appartenant à la commune, pourvu que la durée du bail ne dépasse pas dix-huit ans ;

3° Les projets, plans et devis de grosses réparations et d'entretien, lorsque la dépense totale afférente à ces projets et aux autres projets de la même nature, adoptés dans le même exercice, ne dépasse pas le cinquième des revenus ordinaires de la commune, ni, en aucun cas, une somme de cinquante mille francs ;

4° Le tarif des droits de place à percevoir dans les halles, foires et marchés ;

5° Les droits à percevoir pour permis de stationnement et de locations sur les rues, places et autres lieux dépendant du domaine public communal ;

6° Le tarif des concessions dans les cimetières ;

7° Les assurances des bâtiments communaux :

8° L'affectation d'une propriété communale à un service communal, lorsque cette propriété n'est encore affectée à aucun service public, sauf les règles prescrites par des lois particulières :

9° L'acceptation ou le refus de dons ou legs faits à la commune sans charges, conditions ni affectation immobilière, lorsque ces dons ou legs ne donnent pas lieu à réclamation.

En cas de désaccord entre le Maire et le Conseil municipal, la délibération ne sera exécutoire qu'après approbation du Préfet.

Art. 2.—Lorsque le budget communal pourvoit à toutes les dépenses obligatoires et qu'il n'applique aucune recette extraordinaire aux dépenses, soit obligatoires, soit facultatives. les allocations portées audit budget par le Conseil municipal pour des dépenses facultatives ne peuvent être ni changées ni modifiées par l'arrêté du Préfet ou par le décret impérial qui règle le budget.

Art. 3. — Les Conseils municipaux peuvent voter, dans la limite du maximum fixé chaque année par le Conseil général, des contributions extraordinaires n'excédant pas cinq centimes pendant cinq années, pour en affecter le produit à des dépenses extraordinaires d'utilité communale.

Ils peuvent aussi voter trois centimes extraordinaires, exclusivement affectés aux chemins vicinaux ordinaires.

Les Conseils municipaux votent et règlent, par leurs délibérations, les emprunts communaux remboursables sur les centimes extraordinaires votés comme il vient d'être dit au premier paragraphe du présent article, ou sur les ressources ordinaires, quand l'amortissement, en ce dernier cas, ne dépasse pas douze années.

En cas de désaccord entre le Maire et le Conseil municipal. la délibération ne sera exécutoire qu'après approbation du Préfet.

Art. 4.— A l'avenir, les forêts et les bois de l'Etat acquitteront les centimes additionnels ordinaires et extraordinaires affectés aux dépenses des communes, dans la proportion de la moitié de leur valeur imposable, le tout sans préjudice des dispositions de l'article 13 de la loi du 21 mai 1836, de l'article 3 de la loi du 12 juillet 1865, et du paragraphe 2 de l'article 3 de la présente loi.

Art. 5. — Les conseils municipaux votent, sauf approbation du préfet :

1° Les contributions extraordinaires qui dépasseraient cinq centimes, sans excéder le maximum fixé par le conseil général, et dont la durée ne serait pas supérieure à douze années ;

2° Les emprunts remboursables sur ces mêmes contributions extraordinaires ou sur les revenus ordinaires dans un délai excédant douze années.

Art. 6. — L'article 18 de la loi du 18 juillet 1837 est applicable aux délibérations prises par les conseils municipaux, en exécution des articles 1er, 2 et 3 qui précèdent.

L'article 43 de la même loi est applicable aux contributions extraordinaires et aux emprunts votés par les Conseils municipaux en exécution des articles 3 et 5.

Art. 7. — Toute contribution extraordinaire dépassant le maximum fixé par le conseil général et tout emprunt remboursable sur ressources extraordinaires, dans un délai excédant douze années, sont autorisés par décret impérial.

Le décret est rendu en Conseil d'Etat, s'il s'agit d'une commune ayant un revenu supérieur à cent mille francs.

Il est statué par une loi si la somme à emprunter dépasse un million, ou si ladite somme, réunie au chiffre d'autres emprunts non encore remboursés, dépasse un million.

Art. 8. — L'établissement des taxes d'octroi votées par les conseils municipaux, ainsi que les règlements relatifs à leur perception, sont autorisés par décrets impériaux rendus sur l'avis du Conseil d'État.

Il en sera de même en ce qui concerne :

1° Les modifications aux règlements ou aux périmètres existants :

2° L'assujettissement à la taxe d'objets non encore imposés dans le tarif local;

3° L'établissement ou le renouvellement d'une taxe sur des objets non compris dans le tarif général indiqué ci-après :

4° L'établissement et le renouvellement d'une taxe excédant le maximum fixé par ledit tarif général.

Art. 9. — Sont exécutoires, dans les conditions déterminées par l'article 18 de la loi du 18 juillet 1837, les délibérations prises par les Conseils municipaux, concernant :

1° La suppression ou la diminution des taxes d'octroi :

2° La prorogation des taxes principales d'octroi pour cinq ans au plus :

3° L'augmentation des taxes jusqu'à concurrence d'un décime, pour cinq ans au plus.

Sous la condition toutefois qu'aucune des taxes ainsi maintenues ou modifiées n'excédera le maximum déterminé dans un tarif général qui sera établi, après avis des conseils généraux, par un règlement d'administration publique. ou qu'aucune desdites taxes ne portera sur des objets non compris dans ce tarif.

En cas de désaccord entre le maire et le conseil municipal. la délibération ne sera exécutoire qu'après approbation du préfet.

Art. 10. — Sont exécutoires, sur l'approbation du préfet, lesdites délibérations ayant pour but :

La prorogation des taxes additionnelles actuellement existantes;

L'augmentation des taxes principales au delà d'un décime;

Dans les limites du maximum des droits et de la nomenclature des objets fixés par le tarif général.

Art. 11.—Les conseils municipaux délibèrent sur l'établissement des marchés d'approvisionnement dans leur commune.

Le paragraphe 3 de l'article 6 et le paragraphe 3 de l'article 41 de la loi du 10 mai 1838 sont abrogés en ce qui concerne lesdits marchés.

Art. 12.—Les délibérations des commissions administratives

des hospices, hôpitaux et autres établissements charitables communaux, concernant un emprunt, sont exécutoires en vertu d'un arrêté du préfet, sur avis conforme du Conseil municipal, lorsque la somme à emprunter ne dépasse pas le chiffre des revenus ordinaires de l'établissement et que le remboursement doit être effectué dans un délai de douze années.

Si la somme à emprunter dépasse ledit chiffre, ou si le délai de remboursement est supérieur à douze années, l'emprunt ne peut être autorisé que par un décret de l'Empereur.

Le décret d'autorisation est rendu dans la forme des règlements d'administration publique, si l'avis du Conseil municipal est contraire, ou s'il s'agit d'un établissement ayant plus de cent mille francs de revenus.

L'emprunt ne peut être autorisé que par une loi, lorsque la somme à emprunter dépasse cinq cent mille francs, ou lorsque ladite somme, réunie au chiffre d'autres emprunts non encore remboursés, dépasse cinq cent mille francs.

Art. 13. — Les changements dans la circonscription territoriale des communes, faisant partie du même canton, sont définitivement approuvés par les préfets, après accomplissement des formalités prévues au titre Ier de la loi du 18 juillet 1837, en cas de consentement des Conseils municipaux et sur avis conforme du Conseil général.

Si l'avis du Conseil général est contraire, ou si les changements proposés dans les circonscriptions communales modifient la composition d'un département, d'un arrondissement ou d'un canton, il est statué par une loi.

Tous autres changements dans la circonscription territoriale des communes sont autorisés par des décrets rendus dans la forme des règlements d'administration publique.

Art. 14. — La création des bureaux de bienfaisance est autorisée par les préfets, sur l'avis des Conseils municipaux.

TITRE II. — Dispositions concernant les villes ayant trois millions de revenus.

Art. 15. — Les budgets des villes et des établissements de bienfaisance, ayant trois millions au moins de revenus, sont soumis à l'approbation de l'Empereur, sur la proposition du Ministre de l'Intérieur.

Art. 16. — Les traités à passer pour l'exécution, par entreprises, des travaux d'ouverture des nouvelles voies publiques et de tous autres travaux communaux déclarés d'utilité publique, dans lesdites villes, sont approuvés par décrets rendus en Conseil d'Etat.

Il en est de même des traités portant concession, à titre exclusif ou pour une durée de plus de trente années, des grands services municipaux desdites villes, ainsi que des tarifs et traités relatifs aux pompes funèbres.

Art. 17. — Les dispositions de la présente loi et celles de la loi du 18 juillet 1837 et du décret du 25 mars 1852, qui sont encore en vigueur, sont applicables à l'administration de la ville de Paris et de la ville de Lyon.

Les délibérations prises par les Conseils municipaux desdites villes, sur les objets énumérés dans les articles 1er et 9 de la présente loi ne sont exécutoires, en cas de désaccord entre le préfet et le Conseil municipal, qu'en vertu d'une approbation donnée par décret impérial.

Aucune imposition extraordinaire ne peut être établie dans ces villes, aucun emprunt ne peut être contracté par elles, sans qu'elles y soient autorisées par une loi.

Il n'est pas dérogé aux dispositions spéciales concernant l'organisation des administrations de l'assistance publique, du mont de piété et de l'octroi de Paris.

TITRE III. — Renouvellement des Conseils municipaux.

Art. 18. — A l'avenir, les Conseils municipaux seront élus pour sept ans.

TITRE IV. — Dispositions diverses.

Art. 19. — Dans le cas où une commune sera divisée en sections pour l'élection des conseillers municipaux, conformément à l'article 7 de la loi du 5 mai 1855, la réunion des électeurs ne pourra avoir lieu avant le dixième jour, à compter de l'arrêté du préfet.

Art. 20. — Les gardes champêtres sont chargés de rechercher, chacun dans le territoire pour lequel il est assermenté, les contraventions aux règlements de police municipale. Ils dressent des procès-verbaux pour constater ces contraventions.

Art. 21. — Nul ne peut être maire ou adjoint dans une commune et conseiller municipal dans une autre commune.

Art. 22. — La commission nommée en cas de dissolution d'un conseil municipal, conformément à l'article 13 de la loi du 5 mai 1855, peut être maintenue en fonctions pendant trois ans.

Art. 23. — L'art. 50 de la loi du 5 mai 1855 est abrogé.

Toutefois, dans les villes chefs-lieux de département ayant plus de quarante mille âmes de population, l'organisation du personnel chargé des services de la police est réglée, sur l'avis du conseil municipal, par un décret impérial, le Conseil d'Etat entendu.

Les inspecteurs de police, les brigadiers, sous-brigadiers et agents de police sont nommés par le préfet, sur la présentation du maire.

Si un conseil municipal n'allouait pas les fonds exigés pour la dépense, ou n'allouait qu'une somme insuffisante, l'allocation nécessaire serait inscrite au budget par décret impérial, le Conseil d'Etat entendu.

Art. 24. — Toutes les dispositions de lois antérieures demeurent abrogées en ce qu'elles ont de contraire à la présente loi.

LOI du 14 avril 1871, relative aux élections municipales.

L'Assemblée nationale a adopté,

Le Président du Conseil, chef du pouvoir exécutif de la République française, promulgue la loi dont la teneur suit :

Art. 1er. — Immédiatement après la publication de la présente loi, les Commissions municipales, les Présidents des Commissions, les Maires et les Adjoints en exercice et choisis en dehors du Conseil municipal cesseront leurs fonctions.

Provisoirement, et jusqu'à l'installation des nouveaux conseils municipaux, les fonctions de Maire, d'Adjoints, de Présidents des bureaux électoraux, dans les communes administrées par des Commissions muuicipales ou par des Maires et Adjoints pris en dehors du Conseil municipal, seront remplies par les membres des derniers conseils municipaux élus, en suivant l'ordre d'inscription sur le tableau.

Seront considérés comme derniers conseils municipaux élus ceux qui ont été nommés à l'élection le 25 septembre 1870, ou depuis, et qui seront encore en exercice au moment de la publication de la présente loi.

Art. 2. — Dans le plus bref délai après la promulgation de la présente loi, le gouvernement convoquera les électeurs dans toutes les communes pour procéder au renouvellement intégral des conseils municipaux.

Art. 3. — Les élections auront lieu au scrutin de liste pour toute la commune.

Néanmoins, la commune pourra être divisée en sections, dont chacune élira un nombre de conseillers proportionné au chiffre de la population. En aucun cas, ce fractionnement ne pourra être fait de manière qu'une section ait à élire moins de deux conseillers. Le fractionnement sera fait par le Conseil général, sur l'initiative soit du Préfet, soit d'un membre du Conseil général, ou enfin du Conseil municipal de la commune intéressée. Chaque année, dans sa session ordinaire, le Conseil général procédera, par un travail d'ensemble, comprenant toutes les communes du département, à la révision des sections, et en dressera un tableau qui sera permanent pour les élections municipales à faire dans l'année. En attendant qu'il ait été procédé à la réélection des conseils généraux, la division en sections sera faite par arrêté du Préfet.

Art. 4. — Sont électeurs tous les citoyens français âgés de vingt-un ans accomplis, jouissant de leurs droits civils et politiques, n'étant dans aucun cas d'incapacité prévu par la loi, et de plus ayant, depuis une année au moins, leur domicile réel dans la commune.

Sont éligibles au Conseil municipal d'une commune tous les électeurs âgés de vingt-cinq ans, réunissant les conditions prévues par le paragraphe précédent, sauf les cas d'incapacité et d'incompatibilité prévus par les lois en vigueur et l'article 5 de la présente loi.

Toutefois, il pourra être nommé au Conseil municipal d'une commune, sans la condition de domicile, un quart des membres qui la composeront, à la condition par les élus non domiciliés de payer dans ladite commune une des quatre contributions directes.

Art. 5. — Ne pourront être élus membres des conseils municipaux :

1° Les juges de paix titulaires, dans les cantons où ils exercent leurs fonctions ;

2° Les membres amovibles des tribunaux de première instance, dans les communes de leur arrondissement.

Art. 6. — Dans les trois jours qui suivront la publication de la présente loi, les listes spéciales aux élections municipales seront dressées dans les communes. Les réclamations seront reçues pendant trois jours après l'expiration du délai précédent, et jugées, dans les trois jours qui suivront, par une Commission composée de trois conseillers, en suivant l'ordre d'inscription sur le tableau, sauf l'appel au juge de paix et le pourvoi en cassation, qui suivront leur cours sans que les opérations électorales puissent être retardées.

Art. 7. — Dans toutes les communes, quelle que soit leur population, le scrutin ne durera qu'un jour. Il sera ouvert et clos le dimanche.

Le dépouillement en sera fait immédiatement.

Art. 8. — Les conseils municipaux nommés resteront en fonctions jusqu'à la promulgation de la loi organique sur les municipalités. Néanmoins, la durée de ces fonctions ne pourra excéder trois ans. Dans l'intervalle, on ne procédera à de nouvelles élections que si le nombre des conseillers avait été réduit de plus d'un quart. Toutefois, dans les communes divisées en sections ou arrondissements, il y aura toujours lieu à faire des élections partielles toutes les fois que, par suite de décès ou perte des droits politiques, la section n'aura plus aucun représentant dans le conseil.

Art. 9. — Le conseil municipal élira le maire et les adjoints parmi ses membres, au scrutin secret et à la majorité absolue. Si, après deux scrutins, aucun candidat n'a obtenu la majorité, il sera procédé à un tour de ballottage entre les deux candidats qui ont obtenu le plus de suffrages. En cas d'égalité de suffrages, le plus âgé sera nommé.

Les maires et les adjoints ainsi nommés seront révocables par décret.

Les maires et les adjoints destitués ne seront pas rééligibles pendant une année.

La nomination des maires et adjoints aura lieu provisoirement par décret du gouvernement dans les villes de plus de vingt mille âmes, et dans les chefs-lieux de département et d'arrondissement, quelle qu'en soit la population. Les maires seront pris dans le conseil municipal.

Avant de procéder à la nomination des maires, il sera pourvu aux vacances existant dans le conseil municipal.

Art. 10. — Les vingt arrondissements de la ville de Paris nomment chacun quatre membres du conseil municipal. Ces quatre membres seront élus par scrutin individuel, à la majorité absolue, à raison d'un membre par quartier.

Art. 11. — Le conseil municipal de Paris tiendra, comme les conseils des autres communes, quatre sessions ordinaires, dont la durée ne pourra excéder dix jours, sauf la session ordinaire où le budget ordinaire sera discuté, et qui pourra durer six semaines.

Art. 12. — Au commencement de chaque session ordinaire, le conseil nommera au scrutin secret et à la majorité son président, ses vice-présidents et ses secrétaires. Pour les sessions extraordinaires qui seront tenues dans l'intervalle, on maintiendra le bureau de la dernière session ordinaire.

Art. 13. — Le préfet de la Seine et le préfet de police ont entrée au conseil.

Ils sont entendus toutes les fois qu'ils le demandent.

Art. 14. — Le conseil municipal de Paris ne pourra s'occuper, à peine de nullité de ses délibérations, que des matières d'administration communale, telles qu'elles sont déterminées par les lois en vigueur sur les attributions municipales. En cas d'infraction, l'annulation sera prononcée par décret du chef du pouvoir exécutif.

Art. 15. — Les incapacités et les incompatibilités établies par l'article 5 de la loi du 22 juin 1833, sur les Conseils généraux, sont applicables aux conseillers municipaux de Paris, indépendamment de celles qui sont établies par la loi en vigueur sur l'organisation municipale.

Art. 16. — Il y a un maire et trois adjoints pour chacun des vingt arrondissements de Paris. Ils sont choisis par le chef du pouvoir exécutif de la République. Les maires d'arrondissement n'auront d'autres attributions que celles qui leur sont expressément conférées par des lois spéciales.

Art. 17. — Il y a incompatibilité entre les fonctions de maire ou d'adjoint d'arrondissement et celles de conseiller municipal de la ville de Paris.

Art. 18. — Provisoirement, et en attendant que l'Assemblée nationale ait statué sur ces matières, continueront à être observées les lois actuellement en vigueur sur l'organisation et les attributions municipales, dans celles de leurs dispositions, qui ne sont pas contraires à la présente loi.

Art. 19. — Les fonctions de maire, d'adjoints et de conseillers municipaux sont essentiellement gratuites.

Art. 20. — Les décrets des 27 décembre 1866 et 16 janvier 1867 restent en vigueur pour l'Algérie.

LOI du 22 janvier 1874, sur les maires et les attributions de police municipale.

Article 1er. — Jusqu'au vote de la loi organique municicipale, les maires et les adjoints seront nommés par le Président de la République, dans les chefs-lieux de département, d'arrondissement et de canton; dans les autres communes, ils seront nommés par le Préfet;

ART. 2.—Dès la promulgation de la présente loi, et sans qu'il y ait lieu de pourvoir aux vacances qui existeraient dans les Conseils municipaux, il sera procédé à la nomination des maires et des adjoints; ils seront pris, soit dans le Conseil municipal, soit en dehors; mais, dans ce dernier cas, la nomination sera faite, suivant les distinctions énoncées dans l'article premier, par décret délibéré en Conseil des ministres ou par arrêté du Ministre de l'intérieur.

Les maires et adjoints devront être âgés de vingt-cinq ans accomplis, membres du Conseil municipal ou électeurs dans la commune.

ART. 3. — Dans toutes les communes où l'organisation de la police n'est pas réglée par la loi du 24 juillet 1867, ou par des lois spéciales, le maire nomme les inspecteurs de police, les brigadiers, sous-brigadiers et agents de police. Ils doivent être agréés par les Préfets.

Ils peuvent être suspendus par le Maire, mais le Préfet peut seul les révoquer.

Art. 4. — Dans les deux mois qui suivront la promulgation de la présente loi, l'Assemblée nationale sera saisie par le gouvernement d'un projet de loi d'organisation communale, si elle ne l'a été précédemment par l'une de ses commissions.

LOI du 25 mars 1874, sur la prorogation des pouvoirs des Conseils municipaux.

L'Assemblée nationale a adopté la loi dont la teneur suit :

Article unique. — Les Conseils municipaux élus en exécution de la loi du 14 avril 1871 resteront en fonctions jusqu'à ce que l'Assemblée nationale ait statué sur les projets de lois relatifs à l'organisation municipale, et au plus tard jusqu'au 1er janvier 1875.

Délibéré en séance publique, à Versailles, le 25 mars 1874.

LOI du 7 juillet 1874, relative à l'électorat municipal.

Article 1er. — A partir de la promulgation de la présente loi, une liste électorale relative aux élections municipales sera dressée dans chaque commune par une commission composée du Maire, d'un délégué de l'administration désigné par le Préfet, et d'un délégué choisi par le Conseil municipal.

Dans les communes qui auront été divisées en sections électorales, la liste sera dressée, dans chaque section, par une commission composée : 1° du maire ou adjoint, ou d'un conseiller municipal, dans l'ordre du tableau; 2° d'un délégué de l'administration, désigné par le Préfet : 3° d'un délégué choisi par le Conseil municipal.

Lorsque la commune est divisée en plusieurs cantons, le

sectionnement devra être opéré de telle sorte qu'une section électorale ne puisse comprendre des portions de territoire appartenant à plusieurs cantons.

A Paris et à Lyon, la liste sera dressée, dans chaque quartier ou section, par une commission composée du maire de l'arrondissement ou d'un adjoint délégué, du conseiller municipal élu dans le quartier ou la section, et d'un électeur désigné par le Préfet du département.

Il sera dressé, en outre, d'après les listes spéciales, à chaque section ou quartier, une liste générale des électeurs de la commune, par ordre alphabétique.

A Paris et à Lyon, cette liste générale sera dressée par arrondissement.

Art. 2. — Les listes seront déposées au secrétariat de la Mairie, communiquées et publiées conformément à l'article 2 du décret réglementaire du 2 février 1852.

Les demandes en inscription ou radiation devront être formées dans le délai de vingt jours, à partir de la publication des listes ; elles seront soumises aux commissions indiquées dans l'article 1er, auxquelles seront adjoints deux autres délégués du Conseil municipal.

A Paris et à Lyon, deux électeurs domiciliés dans le quartier ou la section, et nommés, avant tout travail de révision, par la commission instituée en l'article 1er, seront adjoints à cette commission.

Art. 3. — L'appel des décisions de ces commissions sera porté devant le juge de paix, qui statuera conformément aux dispositions du décret organique du 2 février 1852.

Art. 4. — L'électeur qui aura été l'objet d'une radiation d'office de la part des commissions désignées à l'article 1er, ou dont l'inscription aura été contestée devant lesdites commissions, sera averti, sans frais, par le Maire, et pourra présenter ses observations.

Notification de la décision des commissions sera, dans les trois jours, faite aux parties intéressées, par écrit et à domicile, par les soins de l'administration municipale ; elles pourront interjeter appel dans les cinq jours de la notification.

Les listes électorales seront réunies en un registre et conservées dans les archives de la commune.

Tout électeur pourra prendre communication et copie de la liste électorale.

Art. 5. — Sont inscrits sur la liste des électeurs municipaux tous les citoyens âgés de vingt et un ans, jouissant de leurs droits civils et politiques, et n'étant dans aucun cas d'incapacité prévu par la loi :

1° Qui sont nés dans la commune, ou y ont satisfait à la loi du recrutement, et, s'ils n'y ont pas conservé leur résidence, sont venus s'y établir de nouveau, depuis six mois au moins ;

2° Qui même n'étant pas nés dans la commune, y auront été inscrits depuis un an au rôle d'une des quatre contributions directes, ou au rôle des prestations en nature, et, s'ils ne résident pas dans la commune, auront déclaré vouloir y exercer leurs droits électoraux ; seront également inscrits, aux termes du présent paragraphe, les membres de la famille des mêmes électeurs compris dans la cote de la prestation en nature, alors même qu'ils n'y sont pas personnellement portés, et les habitants qui, en raison de leur âge ou de leur santé, auront cessé d'être soumis à cet impôt;

3° Qui se sont mariés dans la commune et justifieront qu'ils y résident depuis un an, au moins ;

4° Qui, ne se trouvant pas dans un des cas ci-dessus, demanderont à être inscrits sur la liste électorale et justifieront d'une résidence de deux années consécutives dans la commune. Ils devront déclarer le lieu et la date de leur naissance.

Tout électeur, inscrit sur la liste électorale, pourra réclamer la radiation ou l'inscription d'un individu omis ou indûment inscrit :

5° Qui, en vertu de l'article 2 du traité de paix du 10

mai 1871, ont opté pour la nationalité française et déclaré fixer leur résidence dans la commune, conformément à la loi du 19 juin 1871 ;

6° Qui sont assujettis à une résidence obligatoire dans la commune en qualité, soit de ministre des cultes reconnus par l'Etat, soit de fonctionnaires publics.

Seront également inscrits les citoyens qui, ne remplissant pas les conditions d'âge et de résidence ci-dessus indiquées lors de la formation des listes, les rempliront avant la clôture définitive.

L'absence de la commune, résultant du service militaire, ne portera aucune atteinte aux règles ci-dessus édictées pour l'inscription sur les listes électorales.

Art. 6. — Ceux qui, à l'aide de déclarations frauduleuses ou de faux certificats, se seront fait inscrire ou auront tenté de se faire inscrire indûment sur une liste électorale : ceux qui, à l'aide des mêmes moyens, auront fait inscrire ou rayer, tenté de faire inscrire ou rayer indûment un citoyen. et les complices de ces délits, seront passibles d'un emprisonnement de six jours à un an et d'une amende de 50 à 500 francs.

Les coupables pourront, en outre, être privés, pendant deux ans, de l'exercice de leurs droits civiques.

L'article 463 du Code pénal est dans tous les cas applicable.

Art. 7. — Les dispositions des lois antérieures ne sont abrogées qu'en ce qu'elles ont de contraire à la présente loi.

Art. 8. — Pour l'année 1874, les listes seront dressées immédiatement après la promulgation de la présente loi, et les délais déterminés par les décrets du 2 février 1852 seront observés.

DÉCRET du 4 novembre 1874, sur le renouvellement des Conseils municipaux.

Le Président de la République française,
Sur la proposition du Ministre de l'intérieur,
Vu les lois du 14 avril 1871 et du 25 mars 1874 ;
Vu les lois du 5 mai 1855 et du 7 juillet 1874,

Décrète :

Article 1er. — Les élections pour le renouvellement des Conseils municipaux auront lieu, dans toutes les communes, le 22 novembre, présent mois.

Toutefois, dans les communes du département de la Seine, il n'y sera procédé que le 29 novembre.

Art. 2. — Le Ministre de l'intérieur est chargé de l'exécution du présent décret.

Lyon. — Imp. Schneider frères, quai de l'Hôpital, 12.

www.ingramcontent.com/pod-product-compliance
Ingram Content Group UK Ltd.
Pitfield, Milton Keynes, MK11 3LW, UK
UKHW020425180726
13839UKWH00003B/1381

9 782329 568898